ZER-E-AAB

"SUBMERGED INTO DEEP THOUGHTS AND EMOTIONS"

RIDA HASSAN
AKELA RAHI

Contents

Contents

Contents

Acknowledgements

From the Author's desk:

No Creation of God is a solo effort. Neither this book made with a lot of whack to make it reach to the hearts of the people. It would not have been possible without the kind support and help of the Co-author of this book that is- Akela Rahi and many other individuals and organisations. As the author of this book, I take this opportunity to thank them all.

I'm highly indebted to the Notion Publishing team for providing me a wide platform to showcase our work and also to all those who always gave a helping hand in the completion of this piece.

Last of all but not the least, my sincere thanks to my parents, friends, my college -
JAGANNATH UNIVERSITY, Jaipur and to all those who have been instrumental in the successful completion of this book- "Zer-e-Aab".

-Rida Hassan

From The Co-author's Desk

"As a co-author of this book, I want to extend my deepest gratitude to Miss Rida Hassan, who made this journey possible. Being part of this project has been a truly rewarding experience and I am honoured to have contributed my voice to this work.

To the readers, your interest and support means the world to us. It is your curiosity and passion that breathe life into these pages. As I believe my motto of life "Reviews led us improvement", so looking forward to your reviews and feedbacks.

I am grateful for the opportunity to be a part of this creative endeavor, and I look forward to continuing this journey of exploration, growth, and storytelling together."

- Akela Rahi

1. ULJHAN

Soch ka sailaab toh mere andar maujood hai,
Samandar ki gehraiyaan toh yuhi badnaam hai,
Talashta toh khud ko firta hun mai,
Yeh veeraniyan toh yuhi gumnaam hai...

2. JAZBAAT

Woh raatein bade rangeen the,
Unki nigahein bade sangeen the,
Woh alfaazon ke shaukeen the,
Aur hum lafzon ke miskeen the...

3. FALSAFA

Dhalti hui shaamon ka ye raahi,
Aksar apni raah se bhatakta raha,
Khamosh lab jo kabhi keh na sake,
Kaagazon par unhe likhta raha...

4. WAKOOF

Rahaton ka toh pata nai,
Ye shaamon ki rawaniya sukoon lgti hai,
Humari zindagi ka toh pta nahi,
ye guzarte waqt ki kahaniya shaoor lgti hai...

5. HASRAT

Tu laut kar ek pehar dekh le mujhe,
Dil-e-nadan fir kya hi sambhlega,
Mayassar tu ho jaye pal bhar hi sahi,
Meri zindagi ka jawaal yeh duniya bhi dekhega...

6. TALAB

Teri aankhon ki sahulat ho muyassar jisko,
Woh bhala chaand sitaroon ko kaha dekhega,
Rubaru ishq ho aur ishq bhi tere jaisa,
Fir koi dil ke khasarey ko kaha dekhega...

7. HAQEEQAT

Ke mushkil tha par saans li,
Is dil ko ek aur jhoothi aas di,
Sab theek hoga ki nahi pta nai,
Par maine koshish bahut hi khaas ki...

8. IZTIRAAR

Talash unki karo jo kisi ke paas na ho,
Bhula do usey jispe bharosa na ho,
Hum toh apne gumon par bhi haas padte hai,
Ke samne wala udaas na ho...

9. HUSOOL

Kamiyabi tere liye maine khud ko,
Kuch yun taiyaar kar liya,
Maine har jazbaat ko,
Bazaar me ishtehaar kar liya...

10. NAZM-E-KASHISH

Nazm-e-kashish hai is duniyan ke dikhawe,
Shayad hum iske mayaar me na utar sake,
thukra diya hume yaha ke khareedaron ne,
Shayad hum inke dikhawe ki mehfilon me dhal na sake...

11. AARZOO

Ye ashiqui hai hawas nahi,
Mai iztiraabi hu bebas nahi,
Mai unhi ka tha unhi ka hu,
Woh mera nahi toh na sahi...

12. ROOHDAARI

Ruhaniyat ka makaam woh kya jaane,
Jo jism ke bazaaron me ishq khareedna chahe,
Qurbat ka suroor woh kya jaane,
Jo hasrat-e-qalb mehfilon me lutana chahe...

13. AAM

Kehne ko toh mamuli hu mai,
Na shauk daulat ki bs thoda jununi hu mai,
talab toh hai ye zindagi jeene ki lekin,
Tu na ho is zindagi me toh thoda besukooni hu mai...

14. HAQDAAR

Tere ishq me kuch aise barbaad ho gye,
Bina gunhah ke gunhahgar ho gye ,
Di toh gyi thi rihai tere ishq se,
Khuda jane kaise, saza-e-maut ke haqdar ho gye...

15. RAB-E-KAYNAATH

Woh sunta hai tumhe kareeb se,
Fir kyu ghabra rahe ho naseeb se,
Woh quinaat-e-tadbeer hai,
Fir kyu ho rahe ho kafa zindagi se...

16. HAWAS

Jism ke deewane,
Daulat ke afsane,
Ehsaas dilate hai badi shiddat se,
Ke nahi raha daur ab shokhiyon ka...

17. KHAUF

Tajurma theek hai,
Tafseer se dar lgta hai,
Jisme taqdeer badalne ki sahulat na mile,
Aisi likhi hui naseeb se dar lgta hai...

18. SAFAR

Waqt, halaat, khwahishein aur kuch chahatein,
Bs isme hi tamam hogya mai,
Laa-haasil se haasil ke safar me,
Khud hi nelaam hogya mai...

19. NAZAKAT

Paak se namazon se ho,
Bedard khayalo se ho,
Naram se hawaon se ho,
Bs rehte mujhme mujhse zyada se ho...

20. MUSAVVIR

Masoom si fariyaad pe uski,
Ashna-e-bahar ho jaane ko dil kehta hai,
Baseerat huron ki malika hai woh,
Uske haqooq me musavvir ho jaane ko dil kehta hai...

21. EHSAAS

Ehsaas-e-kamtari ki shiddat behad hui,
Jab ikhtilat pe unhe shakook hua,
Kafile ki toh raghbat zohra-jabeen thi,
Bad-ahdi me unki ye karwan justujoo hua...

22. ADAM ZAAT

Aashna-e-ilahi ki manzil mukhtasar hai,
Aur adam zaat ki zindagi mustaqil hai,
Wakfe wakfe ki baat h rafique,
Ye safar sirf ek hasrat, fareeb aur seher hai...

23. UNS

Kisi ka ghar ujaad kisi aur ka abaad krne chale ho,
Beyhiss ho tum daleel-e bandagi mitane chale ho,
Tamam humari uns krne chale ho,
ya khud tabahi ka paimana banne chale ho...

24. RABTA

Shakal-surat daulat- shohrat,
Aur aaj ka zamaana,
Bakhoobi mael khaatey hai,
Logon ko inse hi taultey hai,
Hasb-e-zaroorat se raabtey rakhte hai...

25. LAMHEIN

Hum wafao ki kasmein khaate rahe,
Woh ek alag kahani ke panney banate rahe,
Uske sath na sahi uske bina zindagi jeene ke liye
Khushiyan dhundhi thi humne,
Un mein bhi woh waqt bewaqt
Beetein lamhein yaad dilate rahe...

26. KYA HOGA

Narazgi Khatam Ho Jayegi Rooth Jaane Se Kya Hoga,
Yaad To Fir Bhi Aayegi Bhool Jaane Se Kya Hoga,
Rishta To Fir Bhi Rahega Chod Jaane Se Kya Hoga,
Agar Saath Likha Hoga Zindagi Ke Safar Main,
Kismat Fir Dhoondh Layegi,
Door Jaane Se Kya Hoga...

27. TUM

Teri aankhon se maine gazal seekha hai,
Teri zulfon se maine shayari seekha hai,
Zikar tumhara hum karte bhi nahi
Phir bhi log humse kehte hain,
Lajawab hai woh shaqs jissey
Tumne mohabbat seekha hai...

28. SARGOSHIYAN

Neendein khoi raaton ki,
Aur log puche wajah khara,
Is shor se bhagne me kaise katey raat-din mujhe bata zara,
Kaise kahu inse nahi hoti chup awazein meri zehan ki,
Chup kara de inhe koi to mai bhi
Neend ko gale laga lu beinteha...

29. SILSILA

Ba-dastoor ye din dhalta hai,
Aur teri yaadon ka kayam
Shab-e-aarzoo banta hai,
Hasrat imdad ki kun ho jaye
Mujhpe tassawur hota hai,
Yunhi tu moujaza ban hasil ho jaye
Dil ye faryaad karta hai...

30. RIWAYAAT-E-AALAM

Ada-e-tanz ke khatoot bade mukhtalif hai zamane ke,
Manzar-e-maazi ke tehreer me
Hai muyassar riwayaat inke,
Ba-har-haal kaseede to inke bhi
Kaafi mashahur hai rafique,
Hum toh yuhi gum manate rahe
Inke talkh lehzon ke...

31. UMMEED

r

Ummeed ko mamur banaya kisi ne,
Toh kisi ne na-ummeed hona behtar samjha,
Na-ummeedi ke kehar ne
Ibadat se milana behtareen samjha,
Ibadat se milne ke baad dil
Ibadat wale se milne par mayassar hua,
Aur yuhi ek na-ummeed ka umeed ki
Dorr thamna mukkaddar hua...

32. AJNABI

Woh ajnabi dost hogya,
Lagta hai safar lamba hai
Isliye koi humsafar sa hogya,
Raaste ke baare ab kya batau mai,
Bahot tez bhaga fir bhi piche reh gya,
Usko samajhna na-mumkin sa hogya,
Lagta hai ek hadse ke baad woh aisa hogya,
Woh seekh kar nahi aaya tha koi fareeb,
Lagta hai dhoka uske liye aam sa hogya,
Zubaan pe woh aa kar thehar sa gya,
Lagta hai ye zaika nawabi sa hogya...

33. SHEHAR

Kuch shehar ki yaadein hoti hai,
Koi shehar yaadon me hota h,
Woh musafir anjaan hota hai,
Jab tak dur manzil se hota hai,
Fark kre toh kis baat par,
Is safar me har koi ek sa hota hai,
Sochta hu asmaan muthi me band karlu,
Jab jab junoon mujh par sawar hota hai,
Jis jagah me ishq pehli baar hota hai,
Woh kasba ta-umar ke liye khaas hota hai,
Kuch shehar ki yaad hoti hai,
Koi shehar yaadon me hota hai...

34. KAMIYABI

Gehraiyon ke andhere ko dekha na hota,
Toh uchaiyon ki roshni ki kadar kaise pta chalti,
Baar baar nakamiyabi se mulakaat na hoti,
Toh zindagi me kamiyabi ki kami kaise khalti,
Aaj kamiyabi se mulakaat ho,
Toh usey jee bhar ke gale lagana hai,
Nakamiyabi ne jo jo sitam dhae hai,
Uska har ek kissa kamiyabi ko sunana hai...

35. HUM

Hum hai haqeeqat,
Hum roshni hai,
Humse hi koshish,
Aur hum hi kami hai,
Jo ghum hai,
Aur woh jo lapata hai,
Bs teri woh nazuk si hasi hai,
Hum chup hai,
Kahi sehmey toh nahi hai,
Hum ruk kar,
Kahi thehre toh nahi hai...

36. ALAYDA

Han hai woh auron se alag,
Usne mujhe gulaab nahi diya,
Par woh mujhe gulaab ki tarah rakhta hai,
Woh sabki tarah nahi badalta,
Woh bas mere liye badalta hai,
Ussey kitna bhi kaam ho,
Par mera haal puchna nahi bhulta hai,
Han dost toh kaafi hai uske bhi,
Par woh sabko haad me rakhta hai,
Han hai woh sabse alag kyuki,
Woh mujhe sabse alag banake rakhta hai...

37. YAAD HAI

Tujhe pehli baar dekhna yaad hai,
Fir tujhse pahli baar baat karna bhi yaad hai,
Yaad hai tere intezaar me raaton ko jaagna,
Or tujhe dekhne ke liye intezaar karna bhi,
Tere sath hasna bhi yaad hai,
Or tere liye Rona bhi,
Tujhe sab kuch batana bhi yaad hai,
Or bhot kuch chhupana bhi,
Yaad hai teri aankhein, teri khusboo,
Teri hasi or Teri awaaz bhi,
Yaad hai tujhe door se dekhna,
Or tere pass hone ka ehsaas bhi,
Tujhe Roz yaad karna bhi yaad hai,
Or Roz tujhe bhulane ki koshish karna bhi,
Tujhse Milne ki Khushi bhi yaad hai,
Or tu na Milne ka gam bhi...

38. AZAAB

Tujhe paa lena ek khwaab tha,
Tujhme jee lena mera jazbaat tha,
Tujhe Dil-e-qaraar karna ek ehsaas tha,
Tera ho jana ek anjaam tha,
Tu mujhe chorr na jaye,
Ek Darr sa tha,
Teri taqleef ko samjhna ,
Mera farz sa tha,
Maine chaha tha badey naaz se tujhe,
Par kambhakt ye duniya hi aisi thi,
Unki duaaon mein humara taqraar tha,
Aur phir tujhe kho dena ek azaab tha,
Aur phir tujhe kho dena ek azaab tha...

39. QISSA

Chalo tumhen aaj ek qissa main sunau,
Kya hota hai kisi insaan ka ehsaas,
Lafzon se darshauun,
Uski majoodgi bhi khushnuma,
Mahaul jo laye,
Uski dhadkon ki awaaz ek sukoon de jaye,
Jismo ke yeh Jahan mein,
Tut te bikhartey,
Kayi Dil maine dekhe hai,
Jaazbaaton ke baazar mein,
Mohabbat ko bezaar hote dekhe hain...

40. KAAMIL

Mere lafz mansoob rahe humesha,
Zindagi ki kahani par,
Panno par harf bikhharti rahi,
Zehni shayari thi ya dard jari thi,
Khwahishon aur haqeeqat ke beech,
Ki ye jung aksar chalti rahi,
Mukaamal na mai hua,
na kaamil mere jazbaat,
Dar badar bhatkti rahi,
Har dastak par gham bikharti rahi,
Sabr-e-jameel ki adat ko jab galey lagya,
Zillat ki daman chutne lagi...

41. SAWAL

Khud se ye sawal karte hai,
Kya hum bhi kisi ka chupke intezaar karte hai,
Jab jab kadam uss jagah rakhte hai,
Naa jaane kyi woh pal bahot yaad aate hai,
Bhulna bhi chahte hai aur milna bhi chahte hai,
Kyu khud ko iss ranjish me daalte hai,
Zindagi me alag sabhi panno ka sabak hai,
Kyu sab jaan kar bhi anjaan bante hai...

42. KITAAB

Jabse maine apni kitaab me uska zikar likha,
Woh kitaab meri man-pasand ban gayi,
Jabse woh meri zindagi me aa basa,
Ye na-pasand zindagi meri pasand ban gayi,
Na jeene ki thi khwahish na marne ka irada,
Kbhi kisis ke aane ka intezaar na tha,
Par jab woh aaye hum khud se bhi milne lage...

43. CHAHAT

Ek shaqs ki chahat hai mujhe,
Jo chahne me bilkul mere jaisa ho,
Jo sabko khush rakhta ho,
Mujhe hasana hai usko,
Karni hai baatein kaafi,
Aur fir beech baaton ke gale se lagau usko,
Waqt bhi kam pad jaye uske saath,
Kash aisa shaqs khuda ne mere liye banaya ho...

POEMS

*Andar se kuch aur hi hain hum aur
bahar se, Majboor... - Tamasha*

44. KHWAHISHEIN

Khwahish toh hai tere saath jeene ki,
Ek saath un khali raaston pe chalne ki,
Kuch pal aur saath guzarne ki,
Teri gehri aankhon me kho jaane ki,
Apni shaamein tere hawale karne ki,
Khwahishein toh bahot hai,
Par ab khwahish nahi
Unn khwahishon ko pura karne ki...

45. IZHAR-E-ISHQ

Adhuri chahtein thi meri,

Adhure mere jazbey the,

Adhuri kahani thi meri,

Adhure mere misrey the,

Mere khawish ke paimane adhure the,

Mohabbat ke afsane adhure the,

Adhurepan ki ek duniya mere charon tarf thi,

Par jab tujhse mutaassir hua mai,

Tere aaghosh mein kho gaya,

Tu mil jae mujhe bs yahi hosh raha,

Zah-naseeb tu mera ho ya na ho,

Phir bhi apne dil ki sb gehraiyon ke sath,

Sab sachhaiyon ke sath,

Main ye iqrar karta hun,

Main tumse pyar karta hun...

46. DALEEL

Ke aqs uska nazar aa jaye,
Toh kambhakhat ye qalb shayaan ho jaye,
Jb mera naam uske hothon ko chuu jaye,
Ye aalam aafreen ho jaye afsoon ho jaye,
Aagosh me ho woh mere ,
Toh ye bad-e-saba bhi fiki ho jaye,
Bayani uski ho kisi mehfil me,
Toh ba-dastoor shama ki lau bhi bujh jaye,
Aur darmiyaan na ho fasle ab koi,
Kahi jeena dushwaar na ho jaye,
Deewangi ki daleel chahe ye duniya,
Ke deewangi ki daleel chahe ye duniya,
Toh mai uska naam pukaru aur usey ishq ho jaye...

47. ZINDAGI

Kuch harfon mein,

Kuch misron mein shumaar,

Yeh zindagi

Adhurey khawabon ke paimaan si yeh zindagi,

Sabaq ke silsile, logon se aksar mile

Tanhaai, khamooshi, veeran si

Yeh zindagi

Bikhrey hue jazbaaton ka ek sheher purana saa,

Har modd par tanha pareshan si yeh zindagi,

Har waqt koi darr,

Har waqt koi uljhan,

Ek shor sa har jaanib toofan si,

Yeh zindagi

Maazi ke hisaabon mein kisi shaam ko thak kar phir,

Ek yaad ka haasil kuch nuksaan si yeh zindagi,

Mukhtasar si khushiyan,

Mukhtasar se gham,

Azmaishon mein guzri meri,

Yeh tamaam zindagi...

48. HUMSAFAR

Na woh khawaab hain
Na khayal hain
Koi zindagi ki sada nahi
Be-qaraar sa hokar bhi
Barqaraar raha iss jahan mein
Mujhe jo bhi mila aye rab tera shukriya
Mere labb pe harf-e-gila nahi
Yeh naseeb-e-jahan ke silsile hain
Mere sabr ki haesiiyat ki
Koi intehaa nahi
Jo suna woh tumne kaha nahi
Jo kaha woh humne suna nahi
Meri zindagi ki kitaab ki
Badi hasretein thi
Mera humsafar jo khayal tha
Sare harf usko likha nahi
Abb kya kahun ki woh kaun tha
Koi sath tha mere paas tha
Mujhe yaad hai woh zarra-zarra
Woh kaha gaya ye pata nahi...

49. AZIYAT

Maine girety mayaar dekhe hain,
Sulagte jazbaat dekhe hain,
Koi kya dikhaega mujhe,
Halaat zindagi ke,
Maine khamoshi se khudkhushi ka
Safar dekha hai,
Kayi bojh taley daba wo shakash,
Hoonthon par bilkhati,
Ehasas ko dabae,
Khawaishon ko kuchal kar,
Jo mila usey apna chuka hai,
Aur jo na mila usey kho chuka hai,
Uskey husley tutey bikhartey dekha hai,
Maut ki zanjeer mein tadptey dekha hai,
Koi kya batyaega iss zamane ke zillaton ke bare,
Maine khamoshi se khudkhushi ka safar dekha hai,
Koi rehnuma nahi,
Koi hamsafar nahi,
Uski be basi ke alaaam ka koi shareek nahi,
Insab aziyaton aur azmaishon par bhi,
Maine usey sabr ki muskan liye dekha hai,
Maine khamoshi se khudkhushi ka safar dekha hai...

50. FITOOR

Is gumaan me rehne do ke tumhe mohabbat nahi,
Mujhe kismat se ladna nahi aata
Rakhu mai khud ko mehroomiyon me,
Mujhe aadat se ladna nahi aata
Tezaab se tumhare lafz dil cheer dete hai,
Majboor hu mai ki mujhe dil se ladna nahi aata
Ab maza aane lga hai mayusiyon me,
Mere pagal dil ko khush rehna nahi aata
Ab mujhe sametne ka kbhi irada ho,
Mere dard ki haad se paar wali mohabbat karna
Ke ab mujhe firse judna nahi aata,
Mujhe yaad nahi shabab mere tutne ka
Bahane h mere ke mujhe ab tut kar rona nahi aata,
Pattharon se mohabbat nahi ki jaati balki tarsha jata hai
Mai patthar hu mujhe bikharna nahi aata,
Mere hissey ki tum jannatein bhi utaar lena
Mai qurbaan hu tum par,
Mujhe tumse roothna bhi nahi aata...

51. SHAAM

Dekho dhal rahi hai ek shaam firse,

Yaad aa raha hai ek naam firse,

Shama bana rahi hai chaand ki roshni,

Has raha hai dheeme asmaan firse,

Mujhe khali raaston ki sair par nikalna hai,

Baandh liya hai sara samaan firse,

Waqt ne jo bhar diye the zakham purane,

Hare ho rahe hai unke nishaan firse,

Baat meri aur uski jo bhi thi apas ki thi,

Par aa raha hai beech me jahan firse,

Tum toh pehle bhi tod kar jaa chuke ho dil,

Kyu kar rahe ho mujhpe ye ehsaan firse,

Koi puche kiski wajah se hai ye halat dil ki,

Toh kar dena mujhko badnaam firse...

52. MARHAM

Dil ke khwahishein chote ho kar bhi
Kaafi mehnge se hai,
Is tez raftaar duniya ke aage
Humaare jazbaat kaafi saste se hai,
Dil kehta hai ke koi sun le isey bhi,
Bin bole koi muskura kar dekhe hume bhi,
Bin kahe koi samjh jaye hume bhi,
Bin mujhe mushkil koi marham ban jaye dil ki,
Bin mange mohabbat kare koi humse bhi,
Jaise hum hai waisa hi chahe koi hume bhi...

53. KAGAZ

Kagaz par naazil ki maine siyaahi naseeb ki
Logon ko samajh aaya badi ke muddat ke baad
Jab woh wakif hue meri shakshiyat se
Saraha mujhe badi muddaton ke baad
Yun to woh apne bas kehlane ke hain
Parakha hai maine unhe apni kamyaabi ke baad
Kagaz par naazil ki maine siyaahi naseeb ki
Logon ko samajh aaya badi ke muddat ke baad

54. MITTI KE HISSEY

Mitti ke hissey hum

Ek din Mitti mein mil jaege

Zindagi ke bhag daud mein

Aksar kuch na kuch kho jaege

Koi ummeed se haar jaega

Koi sab kuch haasil kar jaega

Kisi pehar khushi

Kisi pehar gham hoga

Koi bichadega koi

Apke sang hoga

Isi khone aur paane ke khel mein

Hum askar kho jaege

Mitti ke hissey hum

Ek din Mitti mein mil jaege

55. NAYAA SAAL

Maine islie nahi likha ki mera naam ho jaaye

Balki...

Kabhi kisike kaam aajaey

Milte julte kissey,

Sabke apne-apne hissey...

Koi mashroof raha veeraniyon mein,

Koi mahfooz raha maikhaano mein...

Kisi ne chaand se dosti kar li,

Kisi ne andheron mein khudki roshni dhund li...

Koi musalal bhaag raha haalaton se

Koi sabr kar gaya zamaane se...

Saal dar saal sabke apne hi kissey rahe,

Kuch nayaa rang nahi tha iska

Par kehne ke naye saal ke hissey the...

Aane waala saal bhi

Kaayi muraadein saath layega...

Hum phir se laa-hasil se hasil mein mubtila rahenge,

Aur woh bhi isi tarah beet jaega...

56. MALAAL

Kuch baatein hai unkahi si
Dil mein hai kuch dabi si
Bayan to hona chahe
Honthon se par har baar
Halak tak aakar ruk jaati hai
Koshish to pehle bhi hui
Hazaaron baar ki lafzon mein
Karun bayan is dil ka haal
Baat kuch lafzon se nikli to thi
Par baat bigad jaati thi har baar
Shayad unhe samjha sakun
Kya hai is dil ka haal
Par khudko hi smjhane pe
Hota hun majbur ki
Nahi hai in baton ka kisi ko malaal...

57. SABR

Na woh khawaab hain
Na khayal hain
Koi zindagi ki sada nahi
Be-qaraar sa hokar bhi
Barqaraar raha iss jahan mein
Mujhe jo bhi mila aye rab tera shukriya
Mere labb pe harf-e-gila nahi
Yeh naseeb-e-jahan ke silsile hain
Mere sabr ki haesiiyat ki
Koi intehaa nahi
Jo suna woh tumne kaha nahi
Jo kaha woh humne suna nahi
Meri zindagi ki kitaab ki
Badi hasretein thi
Mera humsafar jo khayal tha
Sare harf usko likha nahi
Abb kya kahun ki woh kaun tha
Koi sath tha mere paas tha
Mujhe yaad hai woh zarra-zarra
Woh kaha gaya ye pata nahi

58. EK DIN

Rukhsat hoti barissh ki bonodon

Ke baad jo khaamoshi chha ti hai

Kya tumne kabhi gaur kia hai usey?

Ya wo sard shamon ke saaye taley

Jab badalon se chand jhank raha ho

Aur un hawaon ki khamosh ehsaas ko

Kabhi mehsus kia hai tumne?

Yeh saare to kudrat ke nemat hain

Inki yehi sachai hai shuru se aakhir tak

Tum zara yeh batao kya

Tumhare andar ki woh khamoshiyaan

Jo kahin jazbaaat ki bediyon mein qaid hoke dafan hain

Jisey tum har dafa, har peher , har mausam, har raat

Sun kar bs yeh khud ko samjhate ho ki-

"Ek din sab thik ho jayega..."

Kya woh thik ho pata hai? Jo sochte ho mil pata hai?

Jo chahte ho woh ho pata hai? Nahi na !

Phir bhi tum un khamoshiyon ko sambhale hue chalte ho

Girte - sambhalte ho, khamoshiyon mein hi jeete ho

Bas yeh sochte ho ki khamoshiyan hi

Ek din mera sabr ban jaengi...

59. ISHQ

Bikhar kar khud hi khudko sameta maine

Jaise patjhad ke patton ka dher ho

Kisi ki berukhi nazaron se nazar andaaz hua toh

Kisi ki sukoon ke zariye ka saaz

Mutmaeen tha usko ko dekh kar

Par afsos lafzon se na kabhi haal-e-dil izhaar hua

Bhala koi kya mange apni khushi mizazi ke liye

Maine toh bas uske nazron

Se khud ko aabaad kia

Ek jhijhak rahi humesha dil mein

Dafan karke khud ke jazbaat

Humesha barbaad hua

Ajeeb marhala hai yeh ishq

Kisi ke liye wafa

Toh kisi ke liye wabaa beshumaar hua

60. TARK-E-
MOHABBAT

Woh be-tahasha zikar karti rahi apni khushmizazi ka
Main khamoosh aankhon se usey bas dekhta raha
Uske fasaney mein zikar mera na tha
Kisi dusre ke hissey usey shumaar hota main dekhta raha
Meri buzdili kaho isey ya kamzarf ehsaas
Maine apni khushiyan supurd ki thi usey be hisaab
Woh haalat-e-hijr ki raat aisi thi
Main likhta gaya askhon ke siyaahi ke saath
Na muraad kehta hai
Yeh zamaana laa haasil mohabbat ko
Jo samjh sake isey uski kya misaal dun
Tark-e-mohaabat ki kya hai bisaat

Meet The Author

RIDA HASSAN

She is a student with her mind of science and heart of art. She strongly believes that haters make a beautiful ladder towards success. She loves to ink down her thoughts which led her of being a co-author of 8+ anthologies and an author of her own novel- "Her Scars From Within". Inking is her passion and giving those words a meaning is her ambition.

Ye zindagi mukhtasar si hai meri, Bayan kaise ho khud ki zubaini, Aaftaab me aksar hasi ka mukhauta hai, Toh roshni e qamar me ashq musalsal hoti humari...

Instagram handle- @_ridaculousss_Mail id- itsridaonly@gmail.com

Meet The Co-author

AKELA RAHI

A seeker, a dreamer, lone walker with ink-stained hands. They write of the world's illusions, suffering, acceptance and lessons learned.

The reason why I'm being called Akela Rahi is-

> *"Mukhtasar Si Khushiyan*
> *Mukhtasar Se Gham*
> *Azmaishon Mein Guzri Meri*
> *Yeh Tamaam Zindagi..."*

Instagram handle- @akela_rahi54
Mail id- alonewalker437@gmail.com

"*Mujhse mere sabr ki intehaa puchte ho Faraz,*

Wo mujhe lipat kar roya tha kisi aur ke liye..."